NOTICE HISTORIQUE

DES ÉVÉNEMENTS DE FÉVRIER,

DE MAI ET DE JUIN 1848.

NOTICE HISTORIQUE

DES

ÉVÉNEMENTS DE FÉVRIER,

DE MAI ET DE JUIN 1848

ET

QUELQUES MOTS SUR LA PHILANTHROPIE,

PAR UNE RÉUNION D'HOMMES DE LETTRES.

Prix : 50 cent,

Dont 5 centimes destinés pour l'Extinction du Paupérisme par la Colonisation agricole et pour l'Œuvre de Saint-Antoine.

A PARIS,

Chez M. Allègre, rue de la Tixeranderie, 47.

Rue Montmartre, 12, chez M. Renaudin, propriétaire de vingt-six tableaux de la Révolution de février, de mai et de juin, par des artistes célèbres;

Chez les principaux Libraires;

Dans les magasins de l'Œuvre de Saint-Antoine;

Au siége de la Société de Bienfaisance pour l'Extinction du Paupérisme en France, par la colonisation de l'Algérie, rue Neuve-St-Augustin, 51;

ET A ALGER.

1850.

AVIS AU LECTEUR.

Entièrement étranger à l'art oratoire, je réclame toute votre indulgence. La perfection exige de l'union dans les idées, de la variété dans les tours, de l'harmonie dans le style. Ma brochure est dépourvue de toutes ces qualités. J'exprime les choses comme je les conçois; ne considérez que le but que je me suis proposé, à la suite de trois révolutions consécutives :

La réconciliation de tous les partis et la propagation de deux œuvres admirables : celle de Saint-Antoine en faveur des orphelines et des ouvrières sans travail, fondée par le respectable abbé Roux, et celle de la colonisation agricole en Algérie pour l'extinction du paupérisme, fondée par l'honorable M. Lafon Rilliet.

Ne pouvant donner ma bourse, puisque je suis pauvre, je m'estimerai trop heureux de pouvoir offrir le concours de mes faibles lumières pour la prospérité de ces deux établissements, auxquels je dédie ma brochure.

J'espère publier incessamment un volume plus étendu sur le même sujet. Je prie mes lecteurs de m'aider de leurs grandes connaissances pour pouvoir y parvenir. Je recevrai avec empressement toutes les notes et les observations que l'on voudra bien me soumettre et j'en saurai bon gré.

C. Allègre.

NOTICE HISTORIQUE

DES

ÉVÉNEMENTS DE FÉVRIER,

DE MAI ET DE JUIN 1848.

Nuit du 23 *au* 24 *février.*

La chute du ministère Guizot avait été annoncée aux acclamations de toute la population; Paris avait pris un air de fête, et la ville entière était illuminée, lorsqu'un coup de pistolet, tiré sur la troupe qui entourait encore l'hôtel des affaires étrangères, l'engage à riposter.

Les cris de joie font place aux cris de désespoir, les cadavres tombent de toutes parts ; les premières victimes sont portées sur toute la ligne du boulevard, les unes sur une charrette et les autres sur un brancard. Ce triste cortége est éclairé par des torches que des enfants portent; on n'entend que ce cri : Aux armes! aux armes!

Journée du 24.

Des barricades avaient été élevées pendant la nuit, et le peuple était partout sur les points les plus rapprochés des Tuileries.

Un engagement des plus meurtriers eut lieu au poste du Château-d'Eau. Un artiste peintre, blessé à la bouche, est porté par le peuple sur des fusils, au milieu de la barricade.

M. Jouanne, capitaine de la garde nationale de la 3e légion, à la tête de sa compagnie, soutient le feu avec acharnement; toute cette compagnie a rivalisé de zèle.

Un moment après, on était maître du Château-d'Eau. Bientôt ce poste fut incendié avec quelques personnes qui s'y étaient réfugiées.

Trait de dévouement d'une jeune fille.

Un détachement de gardes municipaux s'était retranché dans le poste de la place de la Concorde, mais il ne put résister, et le seul garde qui restât debout allait subir le sort de ses camarades, lorqu'une jeune fille se précipite vers lui, en s'écriant : Arrêtez, arrêtez, c'est mon père! (elle ne le connaissait pas) ; le peuple, toujours sympathique pour les bons sentiments, lui fit grâce. La jeune fille a été décorée. Ce militaire se nomme Fabre (Joseph-Antoine,) garde à pied ; il est maintenant dans la gendarmerie départementale, marié à celle qui lui a sauvé la vie.

Départ de Louis-Philippe.

Abandonné de tous les flatteurs et des faux amis qui l'ont entouré aux jours de sa prospérité, Louis-Philippe quitte sa royale demeure, se réfugie à Saint-Cloud avec son épouse, la reine Amélie, accompagné d'un de ses médecins qui lui prête sa voiture et sert lui-même de cocher, d'un gardien de la

place de la Concorde et d'un de ses anciens serviteurs, qui ne l'a jamais abandonné.

Arrivé à Saint-Cloud, il apprend tout ce qui se passe à Paris, et réduit à prendre la fuite, à l'aide d'un déguisement, après avoir éprouvé toutes sortes de contrariétés, il parvient enfin à s'embarquer pour l'Angleterre.

Le peuple aux Tuileries.

A peine le roi et sa famille ont-ils quitté le palais, que le peuple s'y installe en maître; tout prestige est détruit; il use de la circonstance pour s'asseoir sur le trône royal.

Trubert, le maçon, assis sur le trône, dit: Comme on s'enfonce là-dedans. On lui avait proposé une bouteille de champagne, dont un de ses amis, avec sa dague, avait cassé le gouleau, il répond: Je ne veux pas de vin dans lequel il peut y avoir du verre; que l'on me monte du madère, ce que l'on fit. Taupin, le chiffonnier, assis à ses pieds, le félicite; une partie des hommes qui s'y sont introduits, déchire les draperies du trône, pour en avoir un fragment comme souvenir.

La foule a pénétré dans toutes les parties du palais; les caves, les cuisines, ont été visitées; chacun porte en triomphe une part du festin destiné aux bouches princières.

Un citoyen qui était entré nu-bras aux Tuileries, emporte une livrée galonnée pour se vêtir ; un de ses camarades lui fait observer que les galons sont en or, il la jette à l'instant, en disant : Je ne veux ni dorures, ni broderies.

Le peuple se faisant justice.

Un individu tient sous sa chemise un plat en vermeil qu'il avait dérobé; aussitôt que l'on s'aperçoit de cette soustraction, on le fusille sur-le-champ.

Un autre voleur qui tenait cachée sous sa blouse la cassette du général Jacqueminot, contenant des billets de banque, une montre, un couvert et divers autres objets précieux, subit le même sort. Un artiste veut demander que les coupables soient livrés aux tribunaux, un homme du peuple lui répond en le menaçant du poing : Tu t'entends avec ces voleurs, tu vas subir le même sort. L'artiste a failli être aussi fusillé.

Le peuple, le vrai peuple peut quelquefois, poussé par la colère, se livrer à des actes de dévastation, mais il a le vol en horreur, et sa justice est prompte et terrible à l'égard des misérables pillards qui se glissent dans ses rangs, lorsqu'il parvient à les découvrir.

Dernière séance de la Chambre des députés.

La duchesse d'Orléans vient présenter son fils à l'Assemblée

et demande que ses droits au trône soient consacrés. On lui répond : Il est trop tard; en effet, quelques instant après le peuple va brûler le trône sur la place de la Bastille.

Paroles de M. La Rochejacquelin dans cette séance.

M. La Rochejacquelin monte à la tribune, et prononce d'une voix ferme ces paroles : Messieurs, dit-il en élevant la voix, aujourd'hui vous n'êtes plus rien ici, plus rien, entendez-vous? Au même instant une foule nombreuse envahit la Chambre des députés ; le duc de Nemours se retire dans les bureaux de la présidence ; on lui donne un uniforme de garde national pour sortir.

Un officier d'ordonnance détourne le fusil d'un homme qui voulait tirer sur lui ; un autre ajuste le président Sauzet : le capitaine relève le canon et le coup porte au plafond.

Le petit duc de Chartres, effrayé, s'est caché sous le fauteuil que l'on avait préparé pour la duchesse d'Orléans. C'est l'huissier Letlman qui l'a retrouvé et l'a conduit chez Mme Montesquieu, où on l'a déguisé en petite fille, pour faciliter son évasion.

Débarquement de Louis-Philippe en Angleterre.

Louis-Philippe, ne pouvant rassembler les membres de sa famille qui ont été contraints de fuir par des routes diverses, se voit forcé d'abandonner la France et d'aller se réfugier en Angleterre avec la reine Amélie, son auguste épouse.

Avant de parler de la proclamation de la République, je ne dois pas passer sous silence cette belle scène du peuple portant le Christ.

L'image du Rédempteur est enlevée à la chapelle du Château et portée processionnellement à l'église Saint-Roch. Le peuple se découvre et s'incline, applaudissant aux paroles d'un élève de l'École polytechnique, qui ouvre la marche, en disant : Voici notre maître à tous.

Proclamation de la République.

La République est proclamée, un gouvernement provisoire est constitué et s'installe à l'Hôtel-de-Ville.

Toutes les autorités civiles et militaires s'empressent de venir faire leur acte d'adhésion au gouvernement de la République.

Toutes les corporations viennent visiter les membres de ce gouvernement et reconnaissent sa constitution.

Le drapeau tricolore.

Il est question du choix d'un drapeau; plusieurs propositions sont faites; les uns veulent le drapeau rouge, les autres le drapeau tricolore.

Alors Lamartine prend la parole en ces termes : « Citoyens, « dit Lamartine, pour ma part, le drapeau rouge, je ne l'ac« cepterai jamais; je vais vous dire dans un seul mot pourquoi « je m'y oppose de toute la force de mon patriotisme ; c'est « que le drapeau tricolore, citoyens, a fait le tour du monde « avec la République et l'Empire, avec nos libertés, nos gloires, « et que le drapeau rouge n'a fait que le tour du Champ-de-« Mars, traîné dans les flots de sang du peuple. »

Mme Lamartine à l'Hôtel-de-Ville.

Mme Lamartine prend sous sa protection les enfants orphelins des victimes de Février et les conduit à l'Hôtel-de-Ville. Mme Lamartine était accompagnée d'un prêtre, du président du tribunal de commerce, et d'une sœur qui portait dans ses bras un enfant qui, depuis vingt-quatre heures, avait été privé de nourriture.

On y voit aussi un artiste portant un drapeau, et un homme du peuple bravant tous les dangers pour porter secours aux victimes. Il est lui-même blessé à la main gauche, à cette occasion.

Ce brave est décoré de Juillet et de la Légion-d'Honneur.

Aussitôt que le Gouvernement provisoire a été régulièrement constitué, on a songé à faire proclamer la République dans toute la France, et à la faire reconnaître par toutes les puissances étrangères. Ce qui a eu lieu promptement.

Les divers ministères ont été réorganisés; le ministre de l'intérieur a envoyé des commissaires dans tous les départements, munis de pouvoirs illimités, et tout est rentré dans l'ordre.

Nous devons dire que si la confiance du ministre, obligé de hâter ces nominations, a été trompée sur le compte de quelques-uns de ces commissaires; si, abusant des pouvoirs qui leur étaient confiés, il y en a qui s'en sont servis d'échelons pour parvenir, la majeure partie s'est conduite d'une manière admirable. Quelques-uns mêmes ont porté le désintéressement jusqu'à refuser toute espèce d'honoraires, bien qu'ils fussent sans fortune; ils n'ont pas vendu leurs services.

Impôt des 45 centimes.

Cet impôt a fait beaucoup crier; cependant il fallait ou se décider à faire une banqueroute, ou à payer les dettes de l'Etat.

Quant à la banqueroute, elle eût déshonoré la France ; il fallait donc la repousser.

Un autre mode eût probablement mieux convenu ; mais enfin, puisque celui-là avait été adopté, il fallait s'y conformer.

Nomination des Représentants.

Des représentants ont été nommés dans les départements pour l'organisation d'une Constitution : elle a été proclamée le 4 novembre 1848.

Organisation des Ateliers nationaux.

Le gouvernement, voulant pourvoir aux besoins d'une infinité de malheureux, qui, par suite de la révolution, comme il arrive dans toutes les révolutions, se trouvaient sans travail, organisa les ateliers dits nationaux.

Le but de cette organisation était bon, car occuper les bras oisifs par un travail assidu, est sans contredit le meilleur moyen d'empêcher l'homme de se livrer au désordre ; mais il fallait organiser ce travail de manière qu'il profitât et aux travailleurs et au gouvernement. Je crois que cette dernière tâche n'a pas été bien remplie.

Le gouvernement se trouvait fort embarrassé dans cette circonstance.

Le 15 Mai.

Notre impatience, jointe à l'animosité de certains partis, nous a occasionné la malheureuse affaire du 15 mai, et par suite, la déplorable catastrophe du 25 juin 1848, et bien d'autres fléaux.

Envahissement de l'Assemblée nationale.

Des clubs avaient été organisés dans presque toutes les communes et dans les divers quartiers de Paris. Le 15 mai, de nombreuses colonnes, à la tête desquelles se trouvaient Blanqui, Huber et Raspail, se pressent aux abords du palais de l'Assemblée nationale, après avoir parcouru les boulevards, depuis la Bastille jusqu'à la place de la Concorde, avec le plus grand ordre, pour obtenir de la Chambre son intervention en faveur de la Pologne.

On y remarquait surtout le club de la Révolution, le club Blanqui et le club du Progrès. Ce dernier avait un drapeau en soie qui attirait les regards de tout le monde par ses attributs, représentant la Victoire, la Force et la Paix ; il était porté par C. A., de la 2e légion.

Après une certaine résistance, diverses personnes finissent par pénétrer dans le palais de l'Assemblée nationale.

Raspail veut lire sa pétition, Louis Blanc demande à Buchez, président de l'Assemblée, de ne pas faire battre le rappel, Barbès veut rétablir le calme et ne peut y parvenir. On fait courir le bruit que les divers clubs ont été admis à faire le tour de la salle de l'Assemblée nationale. Chacun se presse pour voir ce qui se passe, et dans l'impatience où l'on était, tout le monde veut pénétrer à la Chambre. Au milieu de cette confusion, dans laquelle personne ne s'entendait plus, Huber s'élance à la tribune et proclame la dissolution de l'Assemblée nationale.

On voit alternativement à la tribune et dans les divers groupes, Barbès, Raspail, Huber et Sobrier ; Louis Blanc parlant à Buchez, président de la Chambre; le capitaine Laviron, Blanqui, Degré, le pompier, Thoré, journaliste, Hervé, ayant tous une conversation très animée. Au milieu de cette confusion les représentants, se retirent de la salle des délibérations.

Barbès est entraîné à l'Hôtel-de-Ville ; il y est suivi par une infinité de personnes, dont la plus grande partie disparaît à la vue du danger, en entendant battre le rappel.

Tout le monde est dans la consternation; la foule se disperse; les uns se dirigent du côté de l'Hôtel-de-Ville, les autres rentrent chez eux. Divers bruits circulent, on ne sait auquel on doit ajouter foi. Enfin, au bout de quelques heures, les représentants parviennent à se réunir de nouveau.

On s'empare de l'Hôtel-de-Ville; Barbès est fait prisonnier avec quelques-uns de ses camarades. Huber est assez heureux pour parvenir à s'échapper. Il se constitue prisonnier après le procès de Bourges, auquel cette malheureuse affaire a donné lieu, pour prouver son innocence à ses amis politiques.

Nous n'avons pas eu à regretter l'effusion du sang dans cette affaire. Elle était à peine terminée qu'en arrive une autre bien plus déplorable.

Journées de juin.

Le 22 juin, les ateliers nationaux sont dissous ; les têtes se montent. Tout Paris est dans la terreur ; l'esprit de parti s'en mêle, de là des barricades formées par des hommes dont la plupart sont républicains, et que leur trop grand zèle perd et réduit la République à deux doigts de sa chute. Depuis lors, jusqu'à ce jour, grande défiance, source de nos désunions, de nos misères et de nos tracasseries.

Les citoyens s'arment les uns contre les autres; le père tue son fils, le fils tue le père, le frère se bat contre le frère, l'ami contre l'ami.

Il serait à désirer que l'on jetât un voile éternel sur ces déplorables journées, tableau inévitable des guerres civiles, mais il faut se résoudre à le tracer. Que ne peut-il inspirer assez d'horreur pour détourner le peuple pour toujours des révolutions, et déterminer le gouvernement à se faire aimer de tout le monde par sa sagesse, sa modération et son empressement à soulager la misère. Puissent les riches, à la vue de ce déplorable tableau, mettre tout l'empressement possible à soulager les pauvres; puissent ces derniers ne point oublier qu'ils n'ont droit à l'assistance des riches qu'en contribuant au bien-être de la société par un travail assidu, proportionné à la force et au savoir de chacun.

Secours prodigués aux blessés.

Même au milieu de la guerre civile, les malades et les blessés ont droit à l'humanité, à quelque parti qu'ils appartiennent. C'est ce qu'ont parfaitement compris les âmes charitables qui ont bravé tous les dangers pour aller panser les blessés au milieu des fusillades, tant parmi les assiégeants que parmi les assiégés.

On a remarqué plusieurs dames dans cette circonstance. Honneur à leur courage et à leur sentiment d'humanité!

La fatale insurrection de juin a fourni au clergé de Paris et aux braves sœurs de charité l'occasion d'imiter les Charles Borromée, les Vincent de Paul, les Fénelon et les de Quélen. Personne n'a fait défaut. Toutes les bonnes sœurs, le clergé, à l'exemple de son vénérable prélat, mort martyr de son zèle; tous, et notamment les prêtres dont les paroisses étaient enclavées dans l'insurrection, au plus fort de la lutte, ont bravé mille dangers pour voler auprès des victimes, les consoler et les secourir.

A Saint-Antoine, les prêtres de Sainte-Marguerite et de la congrégation de Picpus pansaient les blessés, puis les transportaient eux-mêmes sur des civières dans les ambulances et les hôpitaux.

Tout le monde connaît le dévouement de M. l'abbé Roux, sa noble conduite au milieu des insurgés.

Son inépuisable charité l'a fait proclamer l'ami des pauvres.

Si le clergé, suivant l'exemple de notre divin modèle, si les bonnes sœurs ont tout bravé pour porter des secours spirituels et temporels aux malheureux et aux blessés, je ne saurais comment dépeindre l'empressement avec lequel les médecins, les chirurgiens, les pharmaciens et les élèves de ces deux écoles les ont secondés.

Admirable réponse de la sœur Rosalie.

Des gardes mobiles blessés s'étaient retirés dans une maison de charité, rue du Faubourg-Saint-Jacques ; les insurgés les y poursuivirent et voulurent s'en emparer, mais malgré leurs menaces, la sœur Rosalie les arrêta par ces sublimes paroles : « Je ne vous crains pas, je ne crains que Dieu. »

Les horreurs de la guerre civile.

Le curé de Sainte-Marguerite portait des secours aux blessés, en leur répétant : « Dieu a dit : aimons-nous et pardonnons-nous les uns les autres. » Au moment où il confessait un insurgé qui allait mourir dans les bras de son épouse, derrière lui, un propriétaire déguisé en ouvrier, reçoit une balle qui l'atteint au cœur ; sa fille, qui était cachée derrière l'embrâsure d'une fenêtre, voit tomber son père et descend près de lui pour recueillir son dernier soupir. Elle était vêtue d'une robe de soie ; on remarqua ce contraste.

Dans un intérieur d'une chambre d'insurgés, rue du Faubourg-St-Antoine, au coin de la rue Charenton et de la place de la Bastille, une femme fondait des balles dans une casserole de fer battu au moment où elle en reçoit une qui lui perce le cœur. Elle tombe à la renverse, et va mourir à l'encoignure de la chambre, en faisant des efforts pour rendre la balle. Son mari subit le même sort.

Un boulet pénètre dans l'intérieur de ce logement, casse une table, un morceau de marbre d'une commode ; la commotion du coup fait ouvrir le tiroir du bas de la commode, une balle casse le bord du cadre d'une glace, la glace reste intacte.

(Voir, pour se rendre compte de ces deux scènes, un des vingt-six tableaux historiques de la révolution de Février, de Mai et de Juin, de M. Renaudin, rue Montmartre, n. 12, à Paris ; tout y est parfaitement rendu. Ce tableau est fait avec le plus grand soin par un de nos bons peintres, Gubé.)

Mort du général Bréa.

Ce brave général, voulant éviter l'effusion du sang, se rend avec son aide-de-camp, le capitaine Mangin, auprès des insurgés qui, au mépris des lois de la guerre, et méconnaissant leur caractère de parlementaires, leur donnent la mort.

Le général était assis sur un banc près d'une table, lorsque Daix le met en joue et lui demande de signer l'ordre que les militaires se rendent, lui disant que sa grâce est à ce prix.

Le brave général met un genou en terre et lui répond qu'il aime mieux la mort que l'ignominie.

Vappreaux aîné lui arrache son épaulette et le frappe au visage ; le général lui dit : « Tuez-moi, mais ne m'outragez pas. »

Lahr menace le capitaine Mangin d'un pistolet, Chopart lève

sa hache sur lui. Pendant ce temps, Vappreaux jeune fait sortir tout le monde du poste.

Une femme qui se trouvait parmi les insurgés ne voulait pas que l'on tuât le général, mais elle est repoussée de vive force par ceux que l'odeur de la poudre et quelques verres de vin avaient mis dans un état d'exaspération tel, qu'ils avaient perdu la raison. Un petit garçon prévint que l'on avait fait un trou au corps-de-garde pour sauver le général. Au même instant, un de ces insurgés, craignant que sa proie ne lui échappât, lui lâche un coup de fusil et le tue ; son aide-de-camp éprouve le même sort; cruelle catastrophe à jamais déplorable!

Derrière une table était le commandant Desmarest ; deux des insurgés en blouse lui dirent : « Ne bougez pas, nous vous sauverons. » Ils vinrent en effet à bout de le sauver. Nous devons le dire, pour rendre justice à qui de droit, la majeure partie des insurgés était animée de bons sentiments. Ces insurgés ont été graciés dans le malheureux procès de juin, tant il est vrai qu'un bienfait finit toujours par être récompensé.

Un petit garde mobile, caché près de la table, a été tué à bout portant pour avoir voulu s'évader.

Barricades de la Porte-Saint-Denis.

Une jeune femme, vêtue d'une ceinture aux couleurs éclatantes, monte sur le sommet de la barricade, ses cheveux flottent sur ses épaules, elle tient à la main un drapeau qui devient bientôt son linceul sanglant.

Une autre femme, prenant des cartouches dans son cabas, les distribue aux insurgés ; elle tombe frappée de deux balles. C'est à la Porte-St-Denis qu'a été tué le fils Leclerc, garde national, auprès de son père.

Prise de la maison des Deux-Pierrots et du petit pont de l'Hôtel-Dieu.

Cette victoire, aussi éclatante que difficile, a été remportée par la troupe de ligne, aidée de la garde républicaine, sur les insurgés qui occupaient toute la maison dite des Deux-Pierrots, position qu'ils regardaient comme imprenable, et qui a été défendue avec acharnement jusqu'au dernier moment.

Prise du faubourg du Temple.

Une colonne de jeunes gardes mobiles, aidée de l'artillerie, mit en fuite, non sans peine, après un grand combat, les insurgés qui tenaient cette position.

Les gardes mobiles, passant sur un petit pont pour prendre cette barricade à la baïonnette, un obusier met le feu à la maison d'un épicier où se trouvait le quartier-général des insurgés.

C'est dans cette malheureuse affaire qu'a été tué Pierre Durand, lieutenant des mobiles, du même coup qui a enlevé sous ses jambes le cheval du brave général Lamoricière, à la prudence duquel nous devons le salut de beaucoup de monde dans cette circonstance.

Durand, que les balles d'Afrique avaient épargné, est mort emportant tous les regrets de sa famille et de ses camarades, dont il avait su gagner l'affection. Il était fiancé à une brave fille, mademoiselle Césarine Delacour, et devait l'épouser dans la première quinzaine de juillet ; les derniers bancs étaient publiés.

Mort du général Négrier.

Le brave général Négrier, à la tête d'une colonne, partit de l'Hôtel-de-Ville, se dirigea et s'avança à travers le Marais, près la Bastille. Après des efforts surhumains, après avoir laissé derrière lui une trace de sang qui rougit le pavé, et porté le deuil et la consternation dans les cœurs, le général Négrier tomba blessé à mort dans les bras de son aide-de-camp, et fut remplacé par le général Perrot.

Dévouement des représentants.

Tous les représentants qui ont parcouru les divers points de la capitale, pour informer la Chambre de ce qui se passait, ont rempli leur mandat avec un courage et un zèle admirables.

Trois représentants des Basses-Alpes, Duchaffaut, Denoise et Eschaix étaient du nombre de ceux qui ont bien voulu se charger de cette honorable et périlleuse mission.

Dévouement de Mgr Affre, archevêque de Paris.

Au moment où éclata la malheureuse insurrection de juin, Mgr l'archevêque se trouvait à l'église Saint-Étienne-du-Mont, où il administrait le sacrement de la confirmation.

De retour chez lui, il apprend que le sang ruissèle de toutes parts, que les rues sont jonchées de cadavres, et que de plus grands malheurs se préparaient encore ; il lui vient une idée, idée émanée du Ciel. « Le bon pasteur donne sa vie pour ses brebis, » se dit-il, et dès-lors il forma le projet d'aller s'interposer entre les combattants, et de porter aux insurgés des paroles de paix et de conciliation. Il appela ses deux grands vicaires, MM. Jacquemet et Ravinet, leur fit part de ses intentions; ces dignes ecclésiastiques, touchés jusqu'aux larmes d'un pareil dévouement, non seulement lui donnèrent leur approbation, mais encore lui demandèrent comme une grâce de l'accompagner. C'était le dimanche 25 juin.

Mgr Affre sortit avec eux vers quatre heures du soir, et se rendit à pied au palais de l'Assemblée nationale, en traversant une foule compacte qui, devinant le but de la démarche qu'il allait faire, lui en témoigna sa gratitude par les cris mille fois répétés de : Vive la religion ! vive le clergé ! vive l'archevêque de Paris !

Arrivé auprès du général Cavaignac qui venait d'être investi de tous les pouvoirs, le prélat lui exposa l'objet de sa mission, lui demandant les moyens de pouvoir traverser l'armée, et d'arriver, en franchissant les barricades, jusqu'aux insurgés. Le général l'accueillit avec toute la cordialité que méritait une offre aussi généreuse et aussi chrétienne, et lui accorda ce qu'il demandait, non sans l'avoir préalablement prévenu des dangers auxquels il allait s'exposer.

Fermement résolu et ayant reçu les pouvoirs qui lui étaient nécessaires, ainsi que la dernière proclamation du chef du pouvoir exécutif, l'archevêque rentra chez lui, fit son testament, et prit à la hâte, sans se reposer, quoique excédé de fatigue, une légère collation. Il se dirigea ensuite, accompagné de ses deux grands-vicaires et d'un pas ferme et décidé, vers le boulevard de l'insurrection, le faubourg Saint-Antoine.

Pendant tout le trajet, il reçut encore les témoignages les plus empressés de respect et d'admiration. Toute la population, citoyens et soldats, femmes et enfants, se pressait sur son passage, saluant l'envoyé de Dieu, lui demandant sa bénédiction, et le remerciant avec effusion de son dévouement et de sa charité.

Arrivé sur le lieu du combat, après avoir parcouru toutes les ambulances qui l'avoisinaient, le saint archevêque s'arrêta pour se recueillir. Il se trouvait en face du calvaire... il voyait le danger... la fusillade était vive et précipitée... la lutte acharnée... les balles sifflaient à ses oreilles. Alors quelques personnes essayèrent de lui faire des représentations sur la grandeur du péril qu'il allait courir. « Ma vie est peu de chose, répon-
« dit-il, j'en ai fait le sacrifice; et qu'ai-je à craindre? Si je
« réussis, je sauverai la France; si je meurs, *celui qui vit et*
« *croit en moi*, dit Jésus, *ne mourra jamais*, et mon âme au
« sortir de mon corps s'envolera triomphante vers les im-
« mortelles régions des prédestinés. » Puis, ne voulant pas perdre un temps précieux qui pouvait être fatal à bien du monde, il s'approcha vivement du colonel commandant les troupes à la place du général Négrier qui venait d'être tué, et le supplia de faire cesser le feu, afin qu'il pût se faire reconnaître.

Le colonel essaya, lui aussi, de le dissuader. Il lui raconta le sort affreux de plusieurs parlementaires, notamment du général Bréa et de son aide-de-camp; mais cette fois encore le digne prélat ne voulut rien entendre et resta inébranlable dans sa résolution. « Je m'avancerai seul, dit-il, avec mes prêtres vers ce peuple qu'on a trompé; j'espère qu'il reconnaîtra ma soutane et la croix que je porte sur la poitrine. » En présence d'une résolution aussi énergique, il n'y avait plus rien à répondre ; on accéda à sa demande, et l'ordre fut donné de suspendre les hostilités.

Un garde national de la troisième légion, M. Théodore Albert, se débarrassant aussitôt de son habit, se revêtit d'une blouse, coupa une branche d'arbre dans le jardin de l'Arsenal, et proposa au prélat de le précéder avec ce signe de conciliation. L'archevêque y consentit volontiers, et se mit en marche à la suite avec ses deux vicaires.

Les insurgés, à l'exemple des troupes, avaient cessé le feu. Monseigneur, après avoir traversé la rue de l'Orme et la place de la Bastille, était enfin arrivé à la hauteur du faubourg Saint-Antoine. L'entrée de cette rue était défendue par une formidable barricade élevée presque à pic et crénelée comme une citadelle. Plus de soixante autres barricades entrecoupaient cette rue de distance en distance, jusqu'à la barrière du Trône, et en faisaient une vraie place-forte au pouvoir des insurgés.

Ceux-ci, étonnés d'une suspension d'armes à laquelle ils étaient loin de s'attendre, regardèrent par-dessus la première barricade. Ils virent le cortége s'avancer vers eux, ne firent aucune manifestation qui pût être hostile à ces héros de la charité, et les laissèrent s'approcher autant qu'ils le voulurent. Bientôt le saint archevêque fut près d'eux ; il allait leur faire entendre sa voix. Les insurgés quittaient leurs barricades et venaient auprès de lui. Plus de doute, la sainte mission du digne ministre de Jésus-Christ devait alors s'accomplir. Mais malheureusement les gardes nationaux, qui jusqu'alors étaient restés paisibles spectateurs de cette sublime scène, craignant pour la vie du saint pasteur lorsqu'ils le virent entouré de leurs ennemis, sortirent de leurs rangs et s'approchèrent aussi. Alors s'élevèrent des récriminations que ne purent empêcher les ecclésiastiques qui accompagnaient l'archevêque, pas plus que le prélat lui-même, et qui furent suivies de menaces réciproques.

Un insurgé, reconnaissant un garde mobile, voulut l'immoler. M. Jacquemet le prit dans ses bras et l'arracha à la mort.

D'autres scènes de ce genre eurent lieu et ne firent qu'accroître l'irritation des deux partis.

Mgr Affre se trouva séparé de ses grands-vicaires par la foule. Il continua à aller en avant, suivi d'un fidèle serviteur qui l'avait accompagné à son insu, et précédé du jeune homme portant la branche pacifique. Il tourna la barricade, entra par la porte du marchand de vin donnant sur la place, sortit par une autre porte s'ouvrant derrière la barricade, et mit enfin le pied dans ce faubourg inaccessible.

A peine venait-il de paraître au milieu des insurgés qu'un coup de feu partit sur la place et qu'on entendit de part et d'autre les cris : Aux armes ! trahison ! trahison ! Alors les insurgés revinrent en foule se placer derrière leur forteresse, les gardes nationaux coururent à leurs rangs, et la fusillade recommença plus nourrie que jamais.

En ce moment terrible, Mgr Affre ne trembla pas ; il est au-dessus de toute crainte, car Dieu est son appui. En vain des balles innombrables tombent autour de lui, il n'en continue pas moins de marcher vers le but qu'il s'était proposé, tendant les bras vers les insurgés, les suppliant d'arrêter leur fureur pour l'écouter, les appelant ses amis, ses frères... Entouré d'un nuage de poudre, voyant à peine devant lui, il arrive enfin sur une place encore pavée, d'où il espérait pouvoir être mieux entendu de la multitude qui l'entourait; mais l'heure du sacrifice de la victime d'expiation avait sonné. Il avait à peine articulé quelques mots, qu'on le vit s'affaisser sur lui-même et tomber entre les bras de son fidèle serviteur. Une balle venait de le frapper dans les reins.

Quel fut l'auteur d'un crime aussi horrible? l'histoire impartiale et sévère le dira! Quant à nous, n'accusons personne et plaignons l'assassin, car s'il échappe à la justice humaine, il n'échappera ni aux remords cuisants qui agiteront sa vie ni à la vengeance du Ciel. Seulement, pour remplir les devoirs de la plus stricte impartialité, nous constaterons un fait sur lequel tout le monde est d'accord aujourd'hui. C'est qu'aussitôt que le prélat eut été blessé, les insurgés s'empressèrent de voler à son secours, le transportèrent chez M. le curé des Quinze-Vingts, lui constituèrent une garde; ils rejettent bien loin d'eux la responsabilité d'un pareil malheur; ils recueillirent partout des signatures attestant que ceux à qui s'était adressé l'archevêque n'avaient pas tiré sur lui. L'état de la blessure indiquait assez, au reste, que le coup était parti d'une fenêtre.

La nouvelle de la démarche et de la blessure du prélat se répandit bientôt dans tout le faubourg, y produisit un effet impossible à décrire, et quelques moments après la grande fusillade avait cessé pour ne plus recommencer.

Près de Monseigneur était M. Senard, ministre de l'intérieur, M. de Sussy, chef d'état-major du général, le colonel de la garde mobile, MM. les officiers d'ordonnance du général en chef du pouvoir exécutif, et le petit Martin, qui fut depuis décoré de la croix d'honneur et protégé par le général Cavaignac.

L'archevêque, touché de l'intrépidité du jeune garde mobile Totin, qui est venu des premiers le secourir, lui donne sa croix pour le récompenser de son courage, avec une pension de 1,000 fr. et 25,000 fr. payables à sa majorité (il n'avait alors que 18 ans).

L'archevêque recevant les sacrements.

Au moment où il reçoit les derniers sacrements, un artiste, le doigt sur la bouche, recommande le silence aux nombreux visiteurs. Mgr Affre resta au presbytère de M. le curé des Quinze-Vingts jusqu'au lendemain à une heure après midi. Ce ne fut qu'alors qu'on opéra sa translation à l'Archevêché.

Toutes les rues par où passa ce triste cortége étaient encombrées de peuple avide de voir son martyr, qu'escortaient des insurgés et des soldats subitement réconciliés par le christianisme.

Arrivé chez lui, M. Cuvier, son médecin, et son aide, resserrent leurs outils après avoir extrait la balle ; il expire aussitôt après avoir prononcé ces belles paroles : *Le bon pasteur donne sa vie pour ses brebis ; puisse mon sang être le dernier versé !*

Il faut renoncer à exprimer l'impression douloureuse que causa dans toute la ville la nouvelle de cette mort héroïque ; on peut dire, sans crainte d'être démenti, qu'elle provoqua des regrets universels, et qu'au milieu des tristes préoccupations causées par les sanglants événements qui venaient de se passer, il semblait que chacun eût oublié les pertes particulières qu'il avait faites, pour ne s'occuper que de celle du père commun des fidèles.

L'Assemblée nationale s'empressa de donner un témoignage authentique de son admiration, en votant à l'unanimité un décret ainsi conçu :

« L'Assemblée nationale regarde comme un devoir de proclamer les sentiments de religieuse reconnaissance et de douleur publique pour le dévouement et la mort saintement héroïque de Mgr l'archevêque de Paris. »

Depuis, par un autre décret, elle a décidé qu'un monument serait élevé à sa mémoire, sous les voûtes de l'église métropolitaine, et que, sur ce monument, élevé aux frais de la République, seraient placées les inscriptions suivantes : *Le bon pasteur donne sa vie pour ses brebis* (saint Jean, ch. v, 4) ; *puisse mon sang être le dernier versé!* dernières paroles du prélat.

Le général Cavaignac, chef du pouvoir exécutif, ne pouvait rester étranger à la grande douleur publique, lui qui avait eu le bonheur de voir le saint martyr avant son sacrifice ; aussi s'empressa-t-il d'adresser une lettre particulière à MM. les vicaires généraux, aussitôt la nouvelle de sa mort.

Cette lettre, si noble et si digne à la fois, était ainsi conçue :

« Monsieur le grand-vicaire,

« J'apprends avec douleur la perte que nous venons de faire en la personne de notre digne archevêque.

« Depuis trois mois, le clergé s'était associé à toutes les joies de la République, il vient de s'associer à toutes ses douleurs.

« L'archevêque a la double gloire d'être mort en bon citoyen et en martyr de la religion. Demandez à Dieu que, selon les paroles de son digne ministre, ce sang soit le dernier versé.

« Signé CAVAIGNAC. »

Le corps du vénérable prélat, coiffé de sa mitre et vêtu des vêtements blancs avec lesquels il officiait dans les jours de fêtes joyeuses de l'Eglise, fut exposé dans une chapelle ardente, à l'Archevêché, jusqu'au mercredi 5 juillet. Tous les jours une foule compacte bravait, pendant plus de trois heures, l'ardeur du soleil brûlant pour aller visiter le saint martyr.

Le vendredi, 7 juillet, le bourdon de Notre-Dame fit entendre son tintement lugubre dans la grande cité. A ce signal, la foule, triste et recueillie, se rendit aux abords de l'Archevêché pour assister aux grandes funérailles qui allaient avoir lieu.

On connaît tous les détails de cette imposante cérémonie. Certes, jamais nous n'avions vu un spectacle à la fois si grand et si triste. Après le service, qui fut célébré à Notre-Dame, le corps resta encore exposé à la vénération des fidèles, et ce ne fut qu'à dix heures du soir qu'on le descendit dans les caveaux de l'église métropolitaine, pour y être placé à la suite de ses prédécesseurs.

Quelques jours après, une nouvelle cérémonie eut lieu à Notre-Dame. Après la cérémonie, le cœur du vénérable prélat fut porté processionnellement à la maison des Carmes, qu'il aimait, qu'il avait fondée, et au milieu de laquelle il allait souvent se délasser des soins et des fatigues de son diocèse.

Qu'il repose en paix, le noble et saint archevêque, et qu'il jouisse, auprès de Celui dont il s'est bien montré le disciple par sa charité, de ce bonheur ineffable réservé aux élus! Quant à nous, n'oublions jamais sa mort si sublime et si glorieuse, et si des hommes ambitieux et cruels veulent encore rallumer au milieu de nous des haines fratricides, que son souvenir vienne sans cesse nous rappeler les principes de cette fraternité évangélique, qui seule peut faire le bonheur des peuples.

Je crois devoir reproduire ici une lettre que j'ai fait paraître le jour où son cœur a été déposé au couvent des Carmes, sous le titre de : *Lettre pastorale d'outre-tombe de feu Mgr Denis Affre, archevêque de Paris, à l'Assemblée nationale, au clergé et à tous les fidèles.*

« Du sein de Dieu, foyer de lumière et d'amour, où mon âme s'est élancée en quittant la terre, où je jouis d'une existence bienheureuse, dont aucun langage humain ne saurait exprimer les délices, je n'ai cessé d'abaisser mes regards sur vous, mes bien aimés enfants.— Que ne m'est-il donné de refléter jusqu'à vous les splendeurs que je contemple! Puissé-je, au moins, vous révéler un rayon de l'éternelle vérité! puissé-je faire jaillir jusque sur cette terre glacée, une étincelle de ce feu divin de la charité, qui est ici notre aliment et notre atmosphère!

« Je n'ai point oublié que j'ai laissé parmi vous des germes de discorde : ah! si vous pouviez comprendre, comme je le vois en Dieu, combien la discorde est funeste aux hommes!

« Quelle harmonie dans les œuvres du Créateur! avec quelle merveilleuse régularité la diversité infinie des êtres est régie par l'unité, loi universelle qui émane de la *vérité absolue* et constitue l'*ordre absolu*. L'ordre, qui est la raison divine, le principe générateur, *le Père*; la vérité, qui est la manifestation de l'ordre, le Verbe, *le Fils*, s'enchaînent et s'unissent par l'amour, *Esprit-Saint*, souffle vivifiant, en une seule substance, qui est l'*Unité* divine, et dont la vie éternelle est la félicité : et la félicité divine se communique à tout ce qui rentre dans l'harmonie par l'amour et par la vérité, et tout ce qui en sort par l'erreur et par la haine se dévoue inévitablement à la souffrance et au malheur.

« Et quel est le prétexte de vos discordes, aveugles humains ? Au point de vue d'où je suis enfin parvenu à vous entrevoir, sur cet atome qui circule dans un espace incommensurable, au milieu d'une myriade de mondes, que vous êtes petits, et vous et l'imperceptible molécule que se dispute votre ambition insensée ! Pour celui dont l'existence n'a plus de terme, qu'il est court ce moment que vous appelez votre vie ! quelles sont vaines ces pensées, où quelques-uns se complaisent de l'immortalité de leur nom ! Il faut voir d'ici comme ces *riens* que vous appelez une fortune, et votre nom et vos travaux et vous-mêmes, vous allez, avec une rapidité effrayante, vous perdre à jamais dans l'abîme de l'oubli !

« Il n'y a rien d'immortel que Dieu. C'est à Dieu que doivent tendre tous vos désirs et de gloire et de bonheur et d'immortalité; mais c'est en vous aimant, en vous assistant les uns les autres, que vous entrerez dans la voie qui mène à Dieu, et non pas en vous disputant, vous entr'égorgeant autour d'une proie fantastique qui vous laisse toute votre faim quand vous l'avez dévorée, et qui vous échappera sans retour au moment où vous croirez l'avoir saisie. Oh ! mortels ignorants de vos destinées, on vous l'a dit : un verre d'eau donné à un pauvre vous profitera davantage pour l'éternité que la conquête d'un royaume au travers des ruines et du sang.

« Il en est qui aspirent au pouvoir. Hélas ! si vous saviez le secret de Dieu! Combien ils peuvent peu de choses ceux d'entre vous qui peuvent le plus! Allez, allez, ni le cœur des hommes, ni les rênes des événements ne seront jamais entre vos mains. Il est toujours étendu sur vous le doigt qui se joue de vous et de vos plus habiles combinaisons. Craignez, ah! craignez plutôt le pouvoir! Autant il est difficile de le saisir, autant il est facile d'en abuser. C'est une arme qu'aucune main n'a jamais pu tenir sans en être blessée. Le pouvoir est une délégation de celui qui peut; malheur à l'homme qui s'en emparera! mais il ne sera pas le seul à plaindre.

« Tous les hommes sont égaux devant Dieu dans leur néant. Il sait bien, lui, ce qu'il a donné, et il sait aussi ce qui resterait à chacun s'il retirait ce qu'il a donné. Que le néant ne s'enorgueillisse donc point. Ainsi que dans le corps humain, Dieu a destiné des organes à presser la terre et d'autres à la mesurer du regard, et que l'*œil* qui voit n'est rien de plus, aux yeux du Créateur, que le pied qui marche. — Dans les sociétés humaines, il départit à divers des fonctions diverses. Plus les hommes respecteront ces dispositions de la divine sagesse, plus ils se maintiendront dans l'harmonie de la vérité et de l'amour. Hors de là, il n'y aura dans le monde que confusion, désordre et calamité.

« Craignez de vous faire les oppresseurs de vos frères; il est un droit divin dont vous abusez étrangement, quand vous prétendez l'exercer au nom de l'homme; c'est la justice vindicative. Malheureux! vous qui ne faites presque jamais que le mal, comment pourriez-vous invoquer, en votre nom, contre vos frères coupables, une autre justice que la *miséricorde?* Pardonnez-vous les uns les autres, ô hommes! voilà la justice qui vous convient le mieux.

« Que, si vous n'exercez cette justice qu'au nom de Dieu, vous êtes dans le droit; mais exécutez-la donc selon l'esprit et le cœur de Dieu. Voyez comme le Père céleste fait lever chaque jour, son soleil sur les méchants comme sur les bons; c'est qu'entre les bons et les méchants la distance n'est pas aussi grande à ses yeux qu'aux vôtres. Il sait mieux que vous à quoi il a tenu que cet homme, réputé bon, ne devînt méchant, et à combien peu il tient encore que cet homme, réputé méchant, ne devienne meilleur que vous. Imitez sa conduite. Donnez au méchant, en lui ôtant le pouvoir de nuire, le temps et les moyens de devenir bon.

« Quand le regard, dégagé des passions et des préjugés de la vie terrestre, plonge dans le cœur de l'homme, on cesse de croire que l'indulgence enhardisse au crime; car le crime est une folie instantanée, et ce délire, comme tous les autres, la rigueur l'exalte, la bonté le calme et le désarme.

« Non, la haine n'est point le fond du cœur de l'homme qui est fait à l'image de Dieu; c'est une irritation accidentelle qui cesse avec la cause qui l'a produite. On finit de se haïr quand on finit de chercher à se nuire.

« Mes très chers frères, il est parmi vous des esprits égarés en de bien épaisses ténèbres; ils ont pris de fausses lueurs pour la vraie lumière. Où les ont-elles conduits? C'est du fond de l'abîme qu'ils doivent enfin reconnaître leur erreur. Dieu leur donne encore quelques instants, hélas! bien courts; qu'ils se hâtent.

« Vous venez de déposer mon cœur dans l'asile qu'il s'était choisi; ce sont des murs, c'est une terre consacrés par le sang des martyrs : celui-ci aurait dû être aussi le dernier. Si vous n'entendez pas avec plus de docilité la voix de celui qui fume encore, que vos pères n'ont entendu les cris de cet autre sang versé à grands flots, si vous ne vous rattachez tous à l'ordre, si vos yeux ne s'ouvrent pas à la vérité et vos cœurs au saint amour, en vérité, en vérité, je vous le dis, mon dernier vœu, le prix de mon sang seront perdus pour vous.

« Abîmé devant les ineffables profondeurs de la justice et de la miséricorde divines, pénétré d'une compassion qui n'en est pas moins tendre et réelle, quoiqu'elle n'altère point ma félicité, je demande incessamment pour vous tous, ce que je ne puis cependant obtenir sans vous, la paix, l'union, la fraternité en Jésus-Christ.»

Extrait du rapport de M. l'abbé Roux sur les journées de juin, au faubourg Saint-Antoine, à M. Galy-Cazalat, représentant du peuple.

Il servira à prouver qu'il existait des sentiments généreux dans le cœur de la masse des insurgés, au moment même de la plus grande exaltation.

« Citoyen représentant,

« Vous m'avez demandé un rapport sur les événements dont j'ai été témoin pendant les journées des 24 et 25 juin, au faubourg Saint-Antoine. Je vais vous dire ce que j'ai vu; malheureusement il me sera impossible de ne point parler de moi.

« Depuis le vendredi 23, le faubourg Saint-Antoine se trouvait véritablement sous le règne de la terreur.

« Une bande d'hommes déterminés appartenant, dit-on, à la Société des Droits de l'Homme, rentrait de force dans les maisons, s'emparait des armes qu'ils trouvaient, forçant de marcher avec eux tout ce qui était en état de combattre; toute communication avec le reste de Paris était interrompue. Le 24, au matin, vers les 9 heures environ, je me présente à la barricade qui était en face de ma maison, rue de la Planchette, pour porter aux ouvriers des paroles de conciliation. Je trouve ces hommes bien disposés, mais ils ne peuvent rien. Les chefs sont à la grande barricade de la rue du Faubourg-Saint-Antoine, et sans eux, il est impossible de rien entreprendre; ils me proposent toutefois de m'accompagner rue Moreau, chez le colonel de la garde nationale; le colonel n'était pas chez lui. Je rencontre dans la rue Moreau quelques hommes armés qui me conduisent à la grande barricade construite à l'entrée du Faubourg. Là, je demande à parler au peuple; on m'invite à monter sur la barricade et, malgré le cri de fureur de quelques insurgés, je parviens à décider le peuple à m'envoyer en parlementaire au général Cavaignac, à la tête d'une nombreuse députation d'hommes armés, tenant en l'air la crosse de leurs fusils.

« Les insurgés exigent seulement qu'on m'affuble d'une écharpe; l'un d'eux arrache la cravate rouge d'un de ses compagnons et me la met autour des reins, un autre m'en dépouille à l'instant, en disant que la couleur de sang n'est pas la couleur du peuple, et propose une écharpe tricolore; un troisième s'écrie que ma plus belle écharpe, c'est mon habit, et que cet habit sera respecté partout.

« Deux ouvriers s'engagent à me ramener sain et sauf, et à se faire tuer s'ils ne me ramènent. Nous arrivons à la première barricade de la rue Saint-Antoine, après avoir traversé la place de la Bastille. Là, s'élèvent de grandes clameurs; j'entends distinctement ces paroles : Les scélérats, ils en viennent déjà à fusiller les prêtres! |

« Mes compagnons s'indignent de ce soupson qu'ils prennent pour une injure. Ils répondent par les cris de vive la République. « Respect à ce digne homme, il veut faire cesser l'effu-« sion du sang ; nous allons avec lui pour y contribuer. »

« Toutes les barricades s'ouvrent devant nous; nous arrivons jusqu'à l'église Saint-Paul; ici nous rencontrons une certaine résistance; le peuple veut une figure qui caractérise ma mission; il demande qu'on me mette une croix à la main. Armé de cette croix, je monte sur une barricade, en me voyant, les cris se partagent : les uns veulent que j'aille en avant, les autres s'écrient qu'on va me faire tuer inutilement, qu'il est impossible que je parvienne jusqu'à l'Hotel-de-Ville. Mes deux braves compagnons, montés sur la barricade avec moi, sont de cet avis, ils me déclarent cependant qu'ils me suivront, si je persiste et qu'ils se feront tuer avec moi.

En ce moment une fusillade terrible se fait entendre mes deux compagnons me précipitent de la barricade en me criant de baisser la tête; plusieurs centaines de balles, en effet, passent par dessus nous et vont tuer à quelques pas de là plusieurs insurgés.

« Ma mission étant devenue impossible, je dois me résigner pour le moment, et je retourne, sous les bras de mes deux ouvriers que je ne devais plus revoir, jusqu'au pied de la barricade du Faubourg, où je reçois leurs derniers adieux, et peut-être leurs dernières paroles. « Citoyen prêtre, me dit l'un d'eux, nous « avons promis de vous ramener sain et sauf, ou de nous « faire tuer avec vous; nous avons tenu notre parole. Vous « avez fait votre devoir nous allons faire le nôtre; notre âme « appartient à Dieu, qu'il en dispose. »

« Je les quitte le cœur navré de douleur, et je vais annoncer aux insurgés qui entouraient ma maison, qu'il faut s'attendre à être attaqué dans quelques heures.

« J'obtiens d'eux que ma maison sera respectée, que nul d'eux ne pénétrera pour tirer sur la troupe par les croisées. A cette condition, j'organise sur-le-champ une ambulance. Je fais faire de la charpie aux femmes qui sont restées, et je les console en leur assurant que la troupe me respectera comme l'ont fait les ouvriers.

« Bientôt, en effet, et bien plus tôt que je ne l'avais cru, arrivent la garde mobile et un bataillon du 2e régiment de ligne conduits par le général Négrier. Je vais moi-même leur ouvrir les portes de ma maison, qui devient à l'instant un hôpital pour les nombreux blessés que je prends sous ma sauvegarde.

« Forcés de les abandonner, le général et les officiers me les recommandent. Je leur réponds : On me passera plutôt sur le corps que de toucher à un seul de ces braves gens. Les insurgés m'avaient promis de respecter ma maison, ils ont tenu parole.

« A sept heures du soir environ, j'étais au milieu des blessés, leur prodiguant les consolations de mon ministère, lorsqu'on vient m'apprendre que tout est fini, que la troupe et les ouvriers fraternisent sur la place de la Bastille. J'accourais pour prendre part à la joie universelle, mais des cris de trahison retentissent à mon oreille, et une fusillade nouvelle vient m'arrêter sur le milieu du boulevard Contrescarpe.

« Bientôt un grand nombre d'ouvriers, avec les marques de la plus vive désolation, viennent m'apprendre que l'archevêque est blessé et qu'on le transporte aux Quinze-Vingts; l'un d'eux s'offre de m'y conduire, et nous arrivons, par un passage obscur, jusqu'à la rue Charenton.

« Le silence et la consternation régnaient dans cette rue; quelques insurgés m'arrêtent et veulent exiger de moi la déclaration par écrit que la balle qui a percé l'archevêque n'est point venue du côté du peuple.

« Je réponds que je n'étais pas sur le théâtre du crime, mais que je connaissais assez le peuple pour le croire incapable d'avoir voulu tuer son pasteur. Un des insurgés ajoute qu'on vient de faire prisonniers trois représentants qui accompagnaient l'archevêque; j'élève alors la voix pour être entendu des nombreux ouvriers qui étaient groupés autour de moi. « Mes amis, « leur dis-je, le respect que vous aurez pour ces représentants « fera bien voir que ce n'est pas le peuple qui a voulu tuer l'ar- « chevêque de Paris; mais laissez-moi arriver jusqu'à lui, je « vous prie; ma place est auprès de son lit de douleur. »

« J'arrive chez M. le curé de Saint-Antoine, dans le salon duquel j'aperçois notre chef vénérable étendu sur un matelas. Le prélat témoigne le désir d'avoir auprès de lui plusieurs personnes de sa maison. Restait une dernière mission à remplir, celle d'aller chercher à l'Archevêché et jusque dans la rue du Dragon les personnes qu'il avait demandées; on pensa que moi seul, à cause de la facilité que j'avais de passer parmi les ouvriers, je pouvais la remplir. Un garde national déguisé en ouvrier s'offre de m'accompagner. A minuit, toutes les personnes que le prélat avait désiré avoir autour de lui s'y trouvaient et assistaient à l'administration des derniers sacrements.

« Un changement extraordinaire s'était opéré dans le faubourg pendant la nuit. La blessure de l'archevêque de Paris, le contact des représentants détenus avec les ouvriers, leur courage, leurs discours, les proclamations qu'ils avaient lues, avaient fait sur le peuple une vive impression. On comptait soixante-cinq barricades depuis le commencement de la rue du faubourg jusqu'au poste où étaient détenus les représentants.

« Les véritables ouvriers ont commencé dès ce moment de

séparer leur cause de celle des exaltés. Arrivé sur la grande barricade, le péril qui approchait me donnait une nouvelle force pour parler au peuple.

« J'étais au pouvoir des exaltés, il est vrai, mais une multitude de braves ouvriers m'avait suivi, et il eût été dangereux de me frapper au milieu de ces braves gens. Un ouvrier crie dans la foule que le citoyen Recurt, ministre de l'intérieur, est sur la place de la Bastille, qu'il faut envoyer le prêtre au ministre, en le faisant accompagner d'une députation d'ouvriers. Le peuple applaudit à cette proposition, et les exaltés, ne pouvant s'y opposer, trouvent moyen de rendre cette députation inutile, en la composant de leurs créatures, qui font au ministre les demandes les plus extravagantes. Le peuple demandait la République démocratique et sociale; mais par le mot sociale, le peuple entendait toute autre chose que les exaltés ; j'ai pu m'en convaincre, lorsqu'à mon retour je suis venu rendre compte de ma mission. La République démocratique, vous l'avez, leur dis-je ; quant à la République sociale, il s'agit de s'entendre ; si par sociale vous entendez le communisme, vous ne l'aurez jamais. » A cet instant une clameur immense couvre ma voix : « Nous n'en voulons pas ! « nous n'en voulons pas ! » Un seul des exaltés s'écrie qu'il est communiste. « A bas, à bas ! » ce cri est encore poussé par toute la multitude.

« Après un moment de silence, je reprends. Si par sociale, vous entendez le droit d'association, le droit pour les ouvriers de mettre en commun leur travail, le droit d'association volontaire, association patronnée, favorisée par le Gouvernement, dans une certaine mesure. Oui, oui. Eh bien ! mes amis, ce droit vous l'aurez ; et la chambre s'en occupe. Vous le voyez bien, nous sommes d'accord, mais alors pourquoi nous égorger? pourquoi demander les armes à la main ce qu'on vous accorde avec tant de bienveillance?

« Un des insurgés monte à côté de moi et me demande des garanties. J'offre la parole d'honneur du citoyen Recurt; il me répond qu'il a trompé le peuple, qu'on ne peut plus se fier à lui. Tous les insurgés s'écrient à la fois : Des garanties ! des garanties ! Je veux en vain élever la voix, je ne puis plus me faire entendre. Je veux me retirer, les exaltés s'y opposent. Ils me déclarent qu'il faut rester sur la barricade pour mourir avec eux. En ce moment, un brave jeune homme s'élance et veut m'arracher de leurs mains ; il y parvient, en disant au peuple que je vais soigner les blessés, que les blessés me réclament. Je suis emporté par la foule ; un brave ouvrier s'approche alors de moi, et me propose d'aller délivrer les représentants ; un autre veut que j'aille au conseil des officiers : cette proposition est applaudie ; une foule d'ouvriers m'y suit. Nous arrivons dans le magasin d'un ébéniste, passage des Quinze-Vingts ; là, se trouvaient réunis quelques hommes de bien, capitaines, lieutenants, sous-lieutenants dans la huitième légion. Ils étaient occupés sur le moyen de délivrer le faubourg. Ces bons citoyens me reçoivent comme un ange descendu du ciel ; tous me serrent la main affectueusement et m'engagent à user de l'influence que j'ai sur le peuple, pour le porter à déposer les armes. Une nouvelle députation est organisée. Le ministre Recurt nous reçoit sur la place de la Bastille, mais il ne peut rien, et le général Perrot est à quelques pas de là qui va commander le feu. Nous allons vers le général qui nous conduit chez lui; nous demandons du temps pour disposer les ouvriers, pour les engager à mettre bas les armes ; le général ne peut nous accorder qu'une demi-heure ; ses ordres sont précis, il ne peut plus reculer ; nous prenons congé de lui ; le représentant Larabit veut venir avec nous, je m'y oppose ; je sais qu'il ne doit rentrer dans le faubourg que pour y être exposé, sur la première barricade, à une mort certaine.

« Nous revolons vers le peuple, nous lui annonçons qu'il n'a plus qu'une demi-heure, qu'il est temps encore de sauver le faubourg, en déposant les armes. Un grand nombre d'ouvriers se retirent ; les insurgés grincent des dents. En ce moment, un danger terrible memace le faubourg ; du haut de la barricade où je suis monté, j'aperçois des hommes, des femmes et des enfants qui entassent des bottes de paille destinées à incendier les magasins de la Belle-Fermière, encombrés de marchandises. Je vole sur la barricade qui est en face ; je prie, je supplie le peuple de ne pas permettre cet acte sauvage ; une vive opposition se manifeste parmi lui, et des ordres barbares restent sans exécution.

« Pendant que je parle, une fusillade terrible se fait entendre; le général Perrot vient d'ordonner le feu ; l'heure fatale est arrivée. Une vingtaine d'hommes tombent morts à côté de moi, je tombe moi-même, et l'ouvrier (Pottier Eugène) me croyant mort, ne songe plus qu'à remplir la dernière partie de sa mission, celle de délivrer les représentants Galy-Cazalat et Druet-Devaux, destinés, comme le citoyen Larabit, à périr sur une barricade. Ces représentants savent tout le danger qu'a couru ce brave jeune homme pour arriver jusqu'à eux.

Je me borne à faire observer les résultats obtenus par l'intervention pacifique de quelques hommes.

« Sans cette intervention, dix mille hommes peut-être auraient été enterrés dans le faubourg.

Signé l'abbé Roux,
Vicaire de la paroisse Saint-Antoine,
église des Quinze-Vingts.

Ce rapport me fournit l'occasion de dire quelques mots sur M. l'abbé Roux et sur son œuvre de Saint-Antoine.

Fils d'un ancien militaire, Pierre-Marie-Louis-Ferdinand Roux, né à Aix (Bouches-du-Rhône), le 20 mars 1805, constamment occupé de la prédication, eut la satisfaction de voir ses efforts couronnés de succès, et la fondation d'une maison d'orphelines à Marseille, où il a exercé quelque temps son ministère, fut la plus belle récompense de ses travaux. Cette maison est aujourd'hui dans un état très florissant.

Sa mission terminée à Marseille, l'abbé Roux revint à Paris où le trouva la révolution de Févrior

Dans ce moment d'exaltation fiévreuse, la fréquentation des

clubs était devenue l'occupation générale ; les églises étaient désertes ; M. l'abbé Roux se voyant abandonné de ses paroissiens, qui préféraient les prédications politiques, résolut de les y aller chercher, et fonda à cet effet le club de l'Alliance du Peuple et du Clergé, à Saint-Antoine, et à la tribune de ce club, il fit entendre des vérités qu'on ne venait plus recueillir du haut de la chaire chrétienne. C'est pendant les fatales journées de juin que l'abbé Roux montra ce que peut un homme qu'anime le sentiment sincère de la fraternité ; vingt fois il exposa sa vie pour arrêter l'effusion du sang, pour calmer les passions furibondes[1], pour ramener des cœurs égarés par la misère.

Après la révolution de juin, la guerre civile avait cessé ; mais la misère restait ; le commerce était anéanti : toutes les transactions étaient suspendues, et les ateliers nationaux supprimés ; une multitude d'ouvriers se trouvaient sans ouvrage, et par conséquent sans aucun moyen d'existence. L'abbé Roux conçut l'heureuse idée de faire un appel aux sentiments généreux de toute la France. Cet appel fut entendu, et l'œuvre de Saint-Autoine, destinée à fournir de l'occupation aux ouvrières sans travail, fut fondée ; les souscriptions affluèrent de tous côtés, et une foule de malheureux purent recevoir, non pas l'aumône qui dégrade, mais le travail qui moralise.

Cette œuvre, devenue populaire dès son berceau, la voix de la presse l'a portée en quelques jours jusqu'aux extrémités de la France.

Donner du travail à l'ouvrière qui en manque, augmenter le prix de la main-d'œuvre, en sorte que l'ouvrière puisse vivre avec le produit de son travail, l'œuvre tout entière se résume dans ces deux mots, et voilà pourquoi elle est devenue si populaire et qu'elle a si bien prospéré.

Nous avons vu des gens fortunés blâmer sévèrement l'inconduite de quelques ouvrières ; si ces gens savaient à quelles horribles privations ont dû se réduire ces pauvres femmes avant de tomber dans le vice, ils seraient sans aucun doute plus indulgents.

Que n'ont-ils vu, comme nous, ce travail de la confection, où les plus habiles ouvrières, en travaillant onze heures par jour, ne pouvaient parvenir à gagner 35 centimes; les ouvrières ordinaires n'en gagnaient pas vingt.

Riches qui nous lisez, comptez les larmes tombées de cette ouvrière sur un travail de tout un jour, à vingt centimes; comptez les imprécations accumulées dans son cœur et qui ont dû sortir de sa bouche contre cette société égoïste qui l'a condamnée sans pitié à ce travail désespérant, et dites-nous si une telle monstruosité peut subsister plus longtemps ?

Que les hommes qui sont au pouvoir emploient toute leur influence à l'Assemblée nationale, et parlent pour faire rendre justice à la classe ouvrière. Qu'ils lui procurent un travail assidu; qu'ils se préoccupent du sort de la femme, de son influence dans la famille, du danger de lui faire abandonner ses enfants pour aller se corrompre, elle ou ses pauvres filles, dans un atelier.

Qu'ils soulagent la misère, qu'ils soutiennent le pauvre, la veuve et l'orphelin, en leur procurant un travail assidu, proportionné aux forces de chacun et rétribué convenablement; il n'y aura alors plus de bras oisifs, plus de mendiants, par conséquent plus de révolutions dans lesquelles sont sacrifiés tant de braves citoyens, bourgeois et ouvriers, victimes de quelques ambitions sacriléges.

Riches, encouragez, soutenez les œuvres philanthropiques. Celle qui, selon nous, doit avoir le plus de succès, est sans contredit celle qui tend à soulager la misère par le produit du travail de la terre.

Protéger, soutenir les institutions qui se livrent à l'agriculture, est, selon nous, un des meilleurs moyens de déraciner le vice, qui prend sa source dans l'oisiveté, et d'organiser et activer le travail.

Au lieu d'aller en Californie pour y chercher ce vil métal que l'on nomme or, ne ferait-on pas mieux de s'y livrer à l'agriculture; c'est dans ces pays neufs, ainsi qu'en Algérie, que l'on trouvera des ressources inépuisables, en cultivant les céréales, l'olivier, le mûrier, le cotonnier, le tabac, la cochenille, l'indigo et autres objets précieux que la France est obligée de se procurer à grands frais.

Pour réussir dans cette entreprise admirable, il suffit de créer une sage administration composée d'hommes probes, intègres et désintéressés, qui connaissent parfaitement la culture et l'agriculture.

Société de bienfaisance pour l'extinction du paupérisme en France, par la colonisation de l'Algérie, fondée par l'honorable M. Lafon-Rilliet.

Siége de la Société, à Alger, et à Paris, rue Neuve-St-Augustin, 51.

Rendre les hommes vertueux par une bonne éducation, un travail assidu, dont le produit sera proportionné au labeur, est le but que s'est proposé l'honorable M. Lafon-Rilliet, en fondant en Algérie une société à laquelle sont appelés à prendre part, sans distinction d'âge ni de sexe, ni de nationalité ni de religion, tous ceux qui voudront concourir à cette bonne œuvre.

Le but de cette société est de créer des colonies agricoles, composées d'un asile agricole pour les orphelins, un pénitencier pour les jeunes détenus, et des maisons pour les familles laborieuses et les ouvriers sans travail, en y joignant douze à quinze hectares par famille, à l'aide de souscriptions et dons volontaires. Afin de subvenir aux besoins de ces établissements, dont l'utilité est incontestable pour la moralisation des masses.

Rien n'a été négligé dans la rédaction des statuts, pour donner la certitude aux souscripteurs et bienfaiteurs que ce sacrifice qu'ils s'imposeront ne peut être détourné de son but.

Le conseil d'administration fonctionne gratuitement, l'exécution des mesures administratives est confiée à un directeur général, à un conseil de surveillance, dont les fonctions sont également gratuites.

Un comité général et central est créé à Paris, et des comités particuliers dans chaque arrondissement, et dans chaque chef-lieu de département, vont l'être pour la propagation de cette œuvre, sous le patronage, la surveillance et la direction de plus de deux mille personnes des plus recommandables de Paris et de la France, et notamment des douze premières autorités d'Alger. Tous les maires sont membres de droit de cette société. Pour en faire partie, il suffit de s'engager à payer six francs par an. Libre aux âmes généreuses de porter cette cotisation à une somme plus forte, à titre de don volontaire. Je ne parlerai pas des nobles qualités de M. Lafon-Rilhet, elles seraient trop longues à énumérer.

Issu d'une des premières familles du département du Tarn, beau-frère du général Blangini, commandant de l'Algérie, marié à Mlle Rilliet, de Genève, il a consacré sa vie à faire le bien. Il a été parfaitement secondé par les autorités d'Alger, par le conseil d'administration et par les âmes charitables qui ont rivalisé de zèle pour soulager les malheureux.

Pour tant de dévouement, tant de services, M. l'abbé Roux et M. Lafon-Rilliet ont-ils eu une seule récompense honorifique? Nous l'ont-ils sollicitée? non, ils n'ont pas vendu leurs services, ils ont rempli un devoir d'humanité.

Puisse leur rare désintéressement, leur beau sentiment de fraternité, avoir de nombreux imitateurs ! puisse leur noble entreprise avoir un prompt succès !

Le plus grand de nos malheurs est la division de la nation en deux castes, la bourgeoisie et la classe ouvrière. On a lancé l'ouvrier contre le bourgeois comme une menace vivante; on a représenté le bourgeois à l'ouvrier comme son ennemi naturel: cette défiance naturelle a produit les plus funestes résultats.

Cette différence existe encore aujourd'hui.

Toutes ces troupes qui nous entourent, tous ces camps qui donnent à la capitale de la civilisation la physionomie d'une place de guerre, ne nous rassurent que médiocrement. Les questions sociales ne se tranchent ni à coups de fusil ni à coups de canon.

Une génération peut être exterminée, mais la génération

qui la suit se lève plus terrible et plus menaçante; c'est une grande bataille qu'il faut livrer de nouveau, et cette bataille recommencera tant que les intérêts légitimes n'auront pas reçu ce qui leur est dû.

Si vous êtes de bons citoyens, si vous aimez votre patrie, vous n'aurez rien à craindre de ces cris : *A la lanterne les aristocrates!* Le peuple ne viendra pas répéter ce cri féroce, qui n'est jamais sorti de sa bouche. Ce cri, qui est venu vous épouvanter dans vos riches demeures, n'était poussé que par une bande de scélérats vulgaires, enrégimenté par d'autres scélérats qui apparaissent toujours au milieu du bouleversement d'une société, pour disparaître ensuite dans les ténèbres dont ils sont sortis, aussitôt que cette société rentre dans l'ordre. Je crois qu'elles sont appelées à résoudre et résoudront à elles deux ce grave problème qui préoccupe à bon droit nos législateurs, le problème de l'assistance publique.

Les deux fondateurs, du reste, l'ont admirablement compris.

Il nous a été donné d'assister à une de ces conférences dans lesquelles ces deux hommes, qui ont fait tant de sacrifices pour les classes souffrantes, agitaient l'importante question de l'amélioration de leur sort et se partageaient le monde souffrant comme on se partage un empire.

« La position des femmes est terrible, disait le premier et malgré le milliard versé chaque année dans ce gouffre qu'on appelle l'aumône, l'amélioration de leur sort n'a pas fait un pas. Je me charge de faire comprendre au monde que c'est par le travail, et par le travail, seul que nous parviendrons à les soulager et à les moraliser tout ensemble.—Et moi, disait l'autre, je ferai pour les hommes ce que vous voulez faire, ce que vous faites pour les femmes depuis deux ans.

« Tous ces bras arrachés à l'agriculture et qui forment l'excédant de la population ouvrière dans la capitale et dans toutes les grandes villes, je veux les rendre à l'agrigulture; l'Algérie leur ouvre son vaste sein. Vous moraliserez les femmes par le travail; par le travail, je moraliserai les hommes; et tandis que ceux-ci déchireront le sein de la terre, pour lui faire produire des fruits au centuple, celles-là confectionneront les vêtements qui doivent les couvrir. Nous nous emparerons ainsi de toute une génération nouvelle, et ces enfants, instruments de révolutions, qui peupleraient peut-être un jour les mauvais lieux ou les bagnes de nos ports de mer. Nous ferons une génération d'excellents pères et d'excellentes mères de famille.

Puis ces deux hommes mettaient leur main l'une dans l'autre et se juraient une union éternelle.

Législateurs, voilà des hommes qui seuls rendront féconde votre loi sur l'assistance publique.

Hommes d'État, voilà les mains par lesquelles doivent passer tous ces trésors que vous dépensez chaque jour avec si peu de profit.

Ames généreuses, hommes de cœur, nobles femmes qui accumulez sacrifices sur sacrifices pour le soulagement de vos semblables, voulez-vous les rendre des sacrifices profitables? Faites l'aumône comme vous le demandent les fondateurs de ces deux œuvres, l'aumône par le travail. »

Choisissez-les pour les dispensateurs de vos dons.

Il dépend de vous de faire disparaître du milieu de nous ces deux fléaux qui nous dévorent : la prostitution et le paupérisme.

Je ne sais si je ne fais illusion, mais il me semble que l'œuvre agricole et celle de Saint-Antoine, en se donnant la main, parviendront à réunir toutes les castes sous cet admirable étendard de la fraternité qui, relevé par la république, leur a concilié tant de sympathies.

Je viens donc adjurer tous les hommes qui ont dans le cœur l'amour de leurs frères souffrants, toutes les dames que leur tendresse porte naturellement à soulager la misère, tous les représentants du peuple, tous les grands fonctionnaires publics, la magistrature et le barreau, les ministres de tous les cultes, tous les propriétaires, les banquiers, les commerçants, toutes les associations, en un mot tous ceux qui veulent l'ordre et la fraternité, de seconder de tous leurs efforts ces deux œuvres admirables dont je viens de les entretenir. Grâce à l'appui qu'elles trouveront auprès des âmes généreuses, les magasins des pauvres ouvrières fourniront à toutes un travail suffisant et un bénéfice proportionné au labeur de chacune.

Les terres des colonies agricoles rapporteront des récoltes abondantes, et nous verrons bientôt disparaître le paupérisme et la dégradation de la femme, et ramener l'harmonie dans la société, destinée à périr si l'on ne s'occupe promptement d'elles.

Si mes faibles lumières et mes constants efforts peuvent y contribuer pour quelque chose, je me trouverai très heureux d'avoir payé ma dette à l'humanité.

Cyrille ALLÈGRE,

rue de la Tixeranderie, 47.

PHILANTHROPIE, honneur à ceux qui te comprennent,
Honneur à ceux qui sont enflammés de tes feux!
Ils portent Dieu vivant dans leur cœur, et pour eux
Les hommes sont partout des frères qu'ils soutiennent.
A celui donc, qui, vrai génie agriculteur,
N'a qu'un but: féconder le sol de l'Algérie,
Tous nos bravos! De même et d'une voix amie,
Honneur! disons encore, honneur au bon pasteur
Ramenant au bercail la brebis qui s'égare!
Où la vertu s'éteint, il rallume son phare.
Philanthropes, à vous d'aider ces deux grands cœurs!
Illustres aussi ceux dont la charité rare,
Encourageant leur œuvre, en sont les bienfaiteurs!

ALLÈGRE.

Paris.—Imp. de Mme SMITH, rue Fontaine-au-Roi, 18.

www.ingramcontent.com/pod-product-compliance
Ingram Content Group UK Ltd.
Pitfield, Milton Keynes, MK11 3LW, UK
UKHW020454230726
13925UKWH00005B/1923